Anja Walz

Die ver**SEX**te Gesellschaft

Eifersucht vorprogrammiert

Das kleine Frauen-Versteher-Handbuch

Anja Walz

Die verSEXte Gesellschaft

Eifersucht vorprogrammiert

Das kleine – Frauen – Versteher - Handbuch

Impressum
ISBN: 978-3-9812751-5-5

Auflage 2009
Verlag DeBehr, Radeberg
Umschlaggestaltung: Daniela Behr, Radeberg

Gewidmet allen

Mitleidenden und denen, denen ich

mit diesem Buch

aus der Seele spreche.

Ich möchte

mit diesem Buch

die Welt verändern,

wenigstens ein bisschen.

MÄNNER, versteht uns endlich!

Inhaltsverzeichnis

Vorwort

Liebe Leser,

bevor ich mich vorstelle, möchte ich eines klar stellen, was mein Buch betrifft.

Nicht alle Frauen denken so wie ich, aber viele.

Nicht alle Männer sind so wie beschrieben, aber viele.

Ich schreibe aus der Sicht einer sehr eifersüchtigen Frau, die liebt. Aus meiner Sicht.

Nun, ich bin 19 Jahre jung, psychisch etwas labil, von Zwangsgedanken besessen und habe ein ziemlich schlechtes Männerbild. Warum? Weil es mir so vorgelebt wird. Egal, ob in den Medien oder auf der Straße.

Überall aber sind Frauen, die so denken wie ich.

Einfach überall.

Ich denke, nein, ich bin mir sicher, dass Millionen von Frauen so fühlen oder denken wie ich.

Ich schrieb dieses Buch, da es sich um ein sehr ernstes Thema handelt.

Ein Thema, das verletzt, psychisch krank macht und vor allem Beziehungen und Ehen zerstört.

Dieses Buch soll nicht als männerfeindlich angesehen werden.

Ich möchte den Männern die Augen öffnen und sie zum Nachdenken bringen, zum Nachdenken über uns, die Frauen, die Partnerinnen, die Freundinnen!

Denn für die meisten Männer sind die folgenden Themen das alltägliche Leben, etwas, dass sie schon als »normal« bezeichnen. Doch haben sie keine Ahnung, was dabei in den Köpfen ihrer Frauen vorgeht, was sie ihrer Partnerin damit antun. Dabei ist Fremdgehen noch gar nicht allein das Thema, sondern auch all das andere, dass sich davor abspielt. Wisst ihr was? Ich würde echt gerne ein Mann sein, aber nicht, weil ich im falschen Körper stecke, sondern weil ich die Schnauze voll habe von dieser ganzen sexbesessenen Welt!

Oder wie wäre es als Lesbe? Nein, ich stehe auf Männer.

Was ich auch noch klar stellen möchte, dass ich weder katholisch erzogen wurde noch bin ich der gläubigste Mensch der Welt bin.

Nur regen mich Situationen auf, in denen sich einfach alles nur noch um Titten und Ärsche dreht.

Man kann nicht einmal mehr eine Kaffeewerbung ohne halbentkleidete Frauen anschauen. Ist die Welt, und vor allem Deutschland, moralisch am Ende?

Hat die alltägliche Fleischbeschau noch Grenzen?

Müssen die Medien aus Verkaufsförderungsanliegen heraus ständig nackte Leiber präsentieren?

Ja, ich bin sehr eifersüchtig, aber nur weil mich das Leben dazu gebracht hat!

Die folgenden Seiten beziehen sich nicht unbedingt auf eigene Erfahrungen in meiner Partnerschaft, sondern hauptsächlich auf Erlebnisse aus meinem Umfeld und auf Ängste, die ich in mir trage. Ängste, die mich und andere Frauen daran hindern, in meiner Beziehung glücklich zu sein.

Ängste, mit denen ich wahrlich nicht allein stehe.

Hinweis: Liebe Frauen, lest dieses Buch bitte nicht, wenn ihr psychisch angeschlagen seid, es aber irgendwie geschafft habt, euch eine heile Welt vorzugaukeln. Denn ich möchte euch sicherlich nicht wehtun.

Das Hauptproblem

ist diese sexbesessene, pornoüberhäufte Welt, die Frauen wie mich konfus macht.

Denn in dieser Welt ist Eifersucht vorprogrammiert.

Definition der Eifersucht

Eifersucht ist die Bezeichnung für die Angst, eine besondere Beziehung zu einem nahestehenden Menschen durch äußere Einflüsse zu verlieren.

Dabei bildet man sich bei der Eifersucht oft auch Dinge ein, die gar nicht stimmig sind.
Durch krankhafte Eifersucht kann man den Partner sehr schnell verlieren.

Mögliche Folgen der Eifersucht

Ich bin keine Medizinerin, möchte aber dennoch hier ganz kurz zusammenstellen, was Eifersucht für Folgen haben kann.

Wenn die Seele leidet, so reagiert sie mit allgemeiner Verlustangst, schwindenden Selbstwertgefühl, Zwangshandlungen und Kontrollwahn.
Betroffene können aber auch andere psychische Erkrankungen, depressive oder aggressive Verhaltensweisen entwickeln.
Die Menschen stehen neben sich, eine realistische Wahrnehmung der Umgebung wird immer schwieriger, Misstrauen und Zynismus oder tiefe Traurigkeit überschatten das Dasein, dem Glück und Lebensfreude bald völlig fehlen.
Körperliche Symptome kommen dazu, die bekanntesten sind Bulimie bzw. Mager- und andere Suchtformen oder die Neigung zu Selbstverletzungen.
Und das, wo Eifersucht so allgegenwärtig ist, jeden Tag und jede Stunde durchdringt, wie die folgende Beispielsammlung zeigt.

Beispiele

Auf den nächsten Seiten komme ich zu Erfahrungen, die Frauen sehr verletzten. Es ist so einfach, Frauen zu finden, die leiden.
Es gibt sie massenhaft, und sie suchen Rat.
Bei den Recherchen hatte ich das Gefühl, es handelt sich nur um die Spitze des Eisbergs.
All das Leid und die Probleme erschlagen einen regelrecht. Die ganze Welt scheint zu wesentlichen Teilen aus Seelenqualen zu bestehen, die häufig von Eifersucht bestimmt sind.

Selbstverständlich wurden aus Wahrung der Persönlichkeitsrechte die Namen geändert, etwaige Parallelen zu real existierenden Personen sind absolut zufällig.

Männer und die Gogo-Girls/Stripperinnen

Ich gehe nur ungern mit meinem Freund in eine Disko, wo diese „Tänzerinnen“ auftauchen.
Wofür sind sie bitte da? Um die Männer scharf zu machen, oder wozu sonst?
Es reicht mir schon, wenn ich auf einem Party-Flyer das Wort »scharfe Gogos« lese, um die Veranstaltung zu meiden.

Mein Freund und ich sind zusammen in einem Club. Es läuft gute Musik, wir genehmigen uns ein paar Cocktails. Wir beide sind gut gelaunt.

Es ist ein sehr schöner Abend. Doch was passiert dann? Es tauchen zwei Mädchen auf der Bühne auf. Die eine trägt ihre Tigerunterwäsche, und die andere versucht es in roter Ledercorsage, mit einer Peitsche in der Hand.
Meine gute Laune kippt in nur einer Sekunde.

Das einzige, was ich noch will ist - gehen!

Doch was soll ich zu meinem Freund sagen?
„Ich will hier fort, weil ich Angst habe, die Gogos könnten dich scharf machen?"
Nein. Deshalb muss ich das ganze wohl über mich ergehen lassen.
Ich stehe neben meinem Freund, während die Gogos ihre Show abziehen. Sie machen Bewegungen, die frau selbst nur im Schlafzimmer machen würde.
Und auf was achte ich die ganze Zeit? Natürlich auf die Blicke meines Freundes.
Also, während diese halbnackten Mädels eine viertel Stunde wild tanzen und ihre Brüste fast raus fallen lassen, verbringe ich die Zeit damit, mir innerlich etliche Fragen zu stellen.
Nachdem die Gogo-Girls weg sind, wird meine Laune nicht wirklich besser. Das heißt, der Abend ist für mich gelaufen. Ich bin genervt und streitsüchtig. Und mein Freund? Er hat keine Ahnung, warum ich so drauf bin.

Dann gibt es manchmal (sehr selten!) noch die männlichen

Gogos. Die meisten tragen eine Jeans und tanzen mit nacktem Oberkörper.
Diese Männer sind nicht einmal halb so wenig bekleidet wie die weiblichen GOGOS! Und warum? Weshalb werden die Männer züchtig bedeckt, während das schwache Geschlecht sich in dünner Fädchen-Unterwäsche zur Schau stellt? Das würde mich mal interessieren.

Andere Rat suchende Frauen stellen sich andere Fragen, aber das Strickmuster ist immer dasselbe. So finden sich Tausende Hilferufe im Internet.
Einige habe ich hier ausgewählt:

Hallo Ihr,
der Bruder von meinem Freund wird nächste Woche heiraten. Die Jungs werden morgen ein bisschen poltern gehen. Also, was versteht man unter poltern? Saufen, Weiber, etc.
…am Anfang habe ich mir nichts dabei gedacht, weil ich nicht genau wusste, was sie machen werden. Auf jeden Fall habe ich heute erfahren, dass sie eine Privatbar gemietet haben!!! Das ist ja okay, kein Problem, aber das, was mich stört, ist, dass noch ne Stripperin oder irgend 'ne Gogo-Dame kommen wird. Da bin ich ausgerastet, man hat mir gesagt, dass die Gogo-Frau ja **nur** für den Bräutigam kommt. Ich weiß aber wirklich nicht, ob das wahr ist. Ich meine, sie wird bestimmt 'ne Show ablassen, sich ausziehen, hin und her... und mein Freund wird zuschauen, ist ja nun klar... Ob sie jetzt nur für den Bräutigam kommt oder nicht, jeder wird sie bewundern... das stört

mich wirklich extrem... ich kann ihm auch nicht sagen, „Geh nicht!“, im Endeffekt ist er sein Bruder... und wir Frauen sind sowieso nicht eingeladen. Wir werden irgendwo saufen und tanzen. Aber ich weiß ganz genau, dass ich morgen Abend, wenn ich ’ne Gaudi mit den Mädels habe, nur mit den Gedanken bei ihm sein werde... und mir denke: ‚… toll, die Gogo strippt bestimmt jetzt, und mein Freund schaut ihr zu…’, das nervt mich brutal... was soll ich denn bloß tun... ich will mir morgen auch ’nen schönen Abend machen... aber wie soll das bitte gehen... wenn ich mit den Gedanken irgendwo anders bin...

Bin so traurig.

Bitte, bitte, was soll ich tun ???????????????

(Elli, 21 Jahre)

Hallo,

ich weiß nicht mehr weiter.

Mein Freund geht nächste Woche auf den Geburtstag eines Kumpels.

Wie ich gehört habe, wird da eine Stripperin kommen.

Ich will nicht, dass er sich die anschaut. Aber ich kann ihm doch nicht verbieten, da hin zu gehen? Ich hab’ so Angst, dass er die Stripperin sexy findet. Ich liebe ihn so arg!

(Viki, 19 Jahre)

Hey,

ich wollt euch mal fragen, was ihr dazu sagt, wenn euer Freund zum Tabledance geht.

Schon mal vorgekommen? Oder sogar regelmäßig?

Also, ich bin mit meinem Freund nun 2 Monate zusammen.

Am Samstag ist der berüchtigte Männerabend, und was wollen die Herren tun?

Natürlich in einen Tabledance-Schuppen marschieren.

Zuerst war es mir total egal, sollen sie doch ihren Spaß haben.

Aber nun, wo der Tag immer näher kommt, will ich das eigentlich gar nicht mehr.

Vielleicht 'ne kurze Vorgeschichte.

Mein Ex hat mich vor 'nem halben Jahr für eine andere verlassen, und ich hab die Gründe bis heute noch nicht erfahren.

Und irgendwie hab ich nun immer im Hinterkopf den Gedanken, ob mein Freund vielleicht eine findet, die ihm besser gefällt oder sonst etwas.

Aber wenn er mich wirklich liebt, wäre das nicht so, und vor allem würde er mich nie betrügen.

Die Tussen in den Tabledanceläden machen ja eh nichts, außer sich an der Stange räkeln.

Aber trotzdem hab ich ein dummes Gefühl dabei.

Geht/ging es euch genauso?

Ich will ihm auch keine Szene machen, finde es ja selbst bisschen

bescheuert. Aber die Gedanken sind leider da.
Weiß auch nicht, ob ich ihm davon erzählen soll."
(Marie, 21 Jahre)

Hallo,
also, das klingt jetzt blöd, dieses Wochenende war ich mit meinem Schatz und seinem Cousin, der schon gut Mitte 30 ist, wir beide sind 18, unterwegs. Der Cousin kam auf die blöde Idee, in eine Tabledancebar zu gehen. Ich wollt da erst nicht rein, war aber schon gut angeheitert, und er hat uns auch den Eintritt bezahlt. Wir sind reingegangen, und mich traf der Schlag. Überall Weiber oben ohne mit Hammerfiguren! Mir wurde ganz schlecht, und ich wollte wieder rausgehen. Dann hab ich bisschen rumgezickt, und mein Freund meinte: „Dann gehen wir halt wieder." Ich meinte: „Ne, ne bleiben wir halt!" Er hat sich extra so hingesetzt, dass er die Tussis nicht sehen kann. Ich hab halt dann eine Szene gemacht. Er meinte nur: „Du regst mich grad so was von auf!", und dann musste ich losheulen. Er hat sich sofort entschuldigt und gesagt, er schaut doch extra keine an. Ich hab zu ihm dauernd gesagt: „Jetzt schau sie dir halt an! Schau sie dir an, verdammt!" Ich war ziemlich fertig. Ich hab mich von 'nem Typen antanzen lassen, darauf war mein Freund wohl auch nicht eifersüchtig.
Dazu muss ich sagen, ich bin schon ein recht eifersüchtiger Mensch. Ich frage mich, warum braucht er so etwas? Weil ich ihm sowas nicht bieten kann?! Ich übertreibe wohl… aber ich hab so Angst,

dass er andere Frauen attraktiver findet. Ich möchte ihn doch für mich haben. Zumindest so mehr oder weniger. Help!
(Wina, 19 Jahre)

Männer und der Junggesellenabschied

Liebe Männer, es gibt wirklich Frauen, die euch nicht heiraten wollen, weil sie Angst vor eurem Junggesellenabschied haben! Und zwar ganz speziell vor „dieser gewissen Stripperin". Die ich persönlich noch tiefer setze als ein Gogo-Girl.
Ich verstehe es nicht, warum ein Mann vor seiner Hochzeit noch unbedingt eine Stripperin anglotzen möchte, die bestimmt noch ihre Titten an ihm reibt.
Die hockt dann auf seinem Schoss, schubbert sich an ihm wie eine Wildsau am Baum und weiß der Teufel was noch.
Meiner Meinung nach braucht ihr, wenn ihr das nötig habt, wirklich nicht heiraten!

Aber in Wirklichkeit ist das Gang und gäbe, und so suchen auch hier Frauen verzweifelt Hilfe. Noch schlimmer, sie stellen sich die berechtigte Frage, was denn aus ihrer Ehe werden soll, wenn es schon so losgeht. Ob ihre Entscheidung richtig ist, und ob der Mann zu seiner Entscheidung steht.

Hallo,
ich habe auch das Problem mit meiner wirklich krankhaften Eifersucht.
Mein Freund und ich spinnen uns manchmal so Sachen wie Kinder und Heiraten zusammen aus. Klingt für mich auch alles realistisch, aber neulich hab ich mir ernsthaft Gedanken über den Junggesellenabschied gemacht, der irgendwann dann auch mal kommen wird. Und ich muss euch sagen, ich habe davor echten Horror. Das ist echt nicht mehr normal. Wenn ich mir vorstelle, dass mein Freund sich irgendwelche anderen nackten Frauen anschaut. Der Gedanke bringt mich echt um. Ich stelle mir dann immer vor, dass ihn das voll anmacht und ich da eben nicht mithalten kann.
Warum ist das eigentlich so? Klar, Männer amüsieren sich dabei, aber mir tut das sehr weh, wenn ich mir vorstelle, wie mein Freund sich an anderen Titten und Ärschen ergötzt. Geht das eigentlich nur mir so?
Für mich wäre das echt ein Grund, nicht zu heiraten.
Wahrscheinlich können das nur die wenigsten verstehen.
Habe ihm mal einfach so gesagt, dass ich es nicht möchte, dass er zu seinem Junggesellenabschied in ein Striplokal oder ähnliches geht, aber er hat sich nur darüber lustig gemacht.
Ich weiß ja auch ganz sicher, dass er mich nie betrügen würde, und dass er mich über alles liebt, aber ich kann diese krankhafte Eifersucht einfach nicht abstellen. So was wird man auch nicht einfach los, aber irgendwann wird es die Beziehung kaputt machen, weil es

teilweise echt lächerlich ist, wegen was ich ausflippen könnte.
Ich werde traurig und wütend, wenn er anderen Frauen hinterher schaut, wenn wir in einer Disco sind, wo Gogos tanzen, wenn er mir sagt, dass andere Frauen hübsch sind und wenn er einfach so typische Männersprüche in Bezug auf andere schöne Frauen in meiner Gegenwart ablassen muss. Geht das, verdammt noch mal, nur mir so?
Ich kannte dieses Verhalten eines Mannes aus früheren Beziehungen nicht und war immer der Meinung, dass, wenn man jemanden liebt und am besten findet, es auch nur diesem Menschen zeigt und nur Augen für diese eine Person hat. Kann mir irgendjemand helfen, und wenn es nur ein kleiner Tipp ist, aber diese Eifersucht bringt mich noch um. Ich weiß einfach nicht, was ich dagegen noch machen kann.
(Jana, 21 Jahre)

Hallo,
kann man es unterbinden, dass auf dem Junggesellenabschied eine Stripperin auftaucht? Mein Zukünftiger hat bald seinen Junggesellenabschied. Ich habe totale Panik, dass seine Kumpel ihm eine Stripperin einladen. Ich finde das absolut widerlich und nicht akzeptabel. Wie soll ich mich verhalten? Kann ich intervenieren?“
(Meike, 23 Jahre)

Hallo,
mein Freund und ich wollen in 3 Monaten heiraten - wir haben das nun bereits ziemlich lange geplant, und wir freuen uns auch wahnsinnig drauf! Das einzige, was mir ab und zu die Freude etwas trübt, ist allein der Gedanke an den Junggesellenabschiedsabend. Ich weiß, dass er das machen will - aber ich weiß auch, dass er das mit seinem besten Freund machen will - der hat keine Freundin, ist ständig am rumbaggern, sobald etwas nur halbwegs weiblich aussieht, geht zu Prostituierten und steht eben auch auf Stripshows. Das "Problem" liegt trotzdem nicht an "ihm/ihnen" - da ich ja weiß, dass das auf solchen Abenden mit Strip üblich ist - nein, ich selbst bin irgendwie das Problem. Ich weiß nicht, warum, aber ich fühl mich schon dreckig und ausgenutzt, wenn ich so was nur im TV sehe - wenn ich aber weiß, dass mein Freund das "live" und dazu noch kurz vor der Hochzeit selbst erlebt - wird mir jetzt echt schon übel! Ich habe Angst, dass mir das die schöne "Vorzeit" und vor allem den Tag selbst versaut.

Ich dachte schon, dass ich mit ihm rede - aber ich will es ihm ja auch nicht verbieten! - Das hätte ja auch irgendwie keinen Sinn - habt ihr das schon erlebt?

Wie würdet ihr euch verhalten???

(Tami, 22 Jahre)

Es fällt auf, wie sich die jungen Frauen selbst bezichtigen. Als hätten sie ihre Hausaufgaben nicht gemacht. Sie suchen den vermeintlichen Fehler bei sich, weil ihnen etwas nicht passt. Weil sie etwas Ungeheuerliches tief in sich nicht akzeptieren können, nur weil es als gesellschaftlicher Mainstream gilt.

Die Frauen schämen sich, dass sie ihre wertvolle Intimsphäre nur mit dem geliebten Partner teilen wollen und nicht zwangsweise mit Fremden. Doch genau das wird ihnen von der gnadenlosen Hypersex-Gesellschaft pausenlos aufgezwungen. Nicht einmal eine Zeitung kann man aufschlagen, ohne von nackten Brüsten angegriffen zu werden – nicht etwa umgekehrt.

Männer und Tageszeitungen

Die Mädchen von Seite Eins oder hinten drauf oder mittendrin

Warum ich mir als Frau nur die **XXX-beliebige Zeitung am Sonntag** kaufe? Weil es die einzige **XXX-beliebige Zeitung** in der Woche ist, in der auf dem Titelblatt oder auch hinten drauf mal keine nackte Frau abgebildet ist. Ich möchte ja schließlich nicht die Pornografie unterstützen.

Was soll frau dazu noch sagen? Kann mir auch nur ein Mensch erklären, weshalb in einer Zeitung, die wichtige oder unterhaltsame Informationen liefern soll, eine nackte Frau abgebildet ist? Es ist doch schließlich nicht der **PlayXXX**.

Wie wäre es denn für die eifersüchtigen Männer, wenn Frau jeden Tag einen nackten Mann aus der Zeitung klaubt und ihn sich noch an die Wand pinnen würde? Was würden die Herren sagen, wenn neben diesem nackten Mann ein kleiner Text stünde: „Peter arbeitet gern im Garten an den langen Gurken....“?

Morgens gegen 6:00 beginnt der Tag.
Ich stehe, nichts Böses denkend, am Busbahnhof und warte auf meinen Bus. Um mich herum sind noch andere Leute. Manche sitzen und lesen ein Buch und manche auch die Zeitung. Darunter ein älterer Mann mit der **XXXbeliebigen Zeitung**. Tja, was schaut er sich an? Nicht etwa interessieren ihn die Versuche der Politik, die Wirtschaft anzukurbeln, oder wie viel Rente man in einigen Jahren erhält. Nein, er schaut sich die nackte Frau an. Und warum? Um sich daran aufzugeilen?
Störe nur ich mich daran?
Dann wandert sein Blick zu mir – Oh mein Gott!
Was denkt der jetzt?
Andere Frauen hatten auch ihre Meinung dazu.

Hallo, ihr Lieben,
ich verzweifele noch an meiner Eifersucht.
Mein Freund liest täglich die **XXXbeliebige Zeitung**, und ich könnte ausrasten, wenn ich vorne oder hinten oder sonst wo diese nackten Tussen sehe.
Was soll ich nur tun?
(Sina, 22 Jahre)

Hallo,
ich weiß nicht mehr weiter. Ich bin so eifersüchtig. Mir reicht schon die **XXXbeliebige Zeitung**.
(Maria, 28 Jahre)

Hallo,
kann man nicht irgendwie abschaffen, dass in **XXXbeliebigen Zeitungen** Nackte auftauchen? Ich hasse diese Zeitungen!“
(Katie, 20 Jahre)

Mein Freund ist Motorradfan. Und er kauft sich immer diese Motorrad-Zeitschriften. Es ist verrückt – der Anteil der Nackedeis übertrifft bald die der Bilder der Maschinen. Langsam frage ich mich, weswegen er diese Zeitschrift abboniert hat.
Ich schau manchmal rein, ich interessiere mich auch für sein Hobby. Aber mittlerweile könnte ich aus der Haut fahren, wenn monatlich neue blanke Titten die Benzintanks polieren.“
(Sarah, 22 Jahre)

Ja, was soll ich da sagen? Die Übergänge zwischen von Papier und Druckfarbe zur Realität sind fließend. Die Medien suggerieren, dass dergleichen normal ist. Und Männer glauben es nur zu gern. Warum eigentlich? Das frage nicht nur ich mich.

Männer und Mallorca – Ferien im Sexadies

Ich war letzten Sommer mit meinem Freund für eine Woche auf Mallorca. Wir haben dieses Urlaubsziel gewählt, da es günstiger war als andere Urlaubsländer. Sonst wären wir nach Tunesien geflogen.
Doch kurz vor Reisebeginn kamen mir Zweifel, ob es eine so gute Idee war, die Reise gebucht zu haben. Denn alle, die mich fragten, wohin ich denn dieses Jahr in Urlaub gehe, und ich darauf »Mallorca« antwortete, schauten mich mit komischem Blick an.
Als ich dann fragte, was denn das Problem sei, meinten sie, Mallorca wäre eine harte Beziehungsprobe.
Ja, so hat mein Urlaub begonnen.
Wir standen an der Rezeption, als ich schon ein ganz mulmiges Gefühl im Magen bekam. Mehrere Mädchen in knappen Bikinis gingen an uns vorbei zum Pool. Ich versuchte, mich zu beruhigen und mir nichts einzubilden.
Als wir im Zimmer waren, war auch alles sehr schön, umso größere Angst bekam ich davor, an den Strand zugehen. In Mallorca war es schließlich erlaubt, oben ohne baden zu gehen.
Tja, wie ich befürchtet habe, trafen wir am Strand auf sehr viele Leute, darunter auch Unmengen an barbusigen Frauen.
Es war ein so quälendes Gefühl für mich, diese Frauen da liegen zu sehen, da ich mich sofort fragte, ob das denn meinen Freund scharf machen würde.
Ich konnte unseren Aufenthalt am Strand kein bisschen genießen.

Und was ich überhaupt nicht verstehen kann, was bezwecken die Frauen? Warum gehen sie nicht zu einem FKK Strand?
Nun, fragt die Frauen doch selber.
Abends ging's weiter. Wir waren in 'nem Lokal, und wer tanzte dort? Diese seltsamen Kreaturen wieder. Mir hat es dann gereicht, und wir sind wo anders hin.
Und egal, wo man hinläuft, überall gibt es diese Tabledancebars. Schrecklich.

Also, Mallorca ist wirklich nicht zu empfehlen für Frauen, die eifersüchtig sind!

Ihr könnt euch nicht vorstellen, wie geschockt ich war, als ich die Treuetests im Fernsehen gesehen habe. Es wurden drei Männer auf ihrem Partytrip nach Malle mit der Kamera begleitet. Glaubt ihr, die konnten ihren Freundinnen richtig treu bleiben? Nein, das konnten sie nicht. Es ist eine Schande, das zu sehen.

Andere Frauen meinten:

Hallo,
ich habe so große Angst.
Mein Freund fliegt nächste Woche mit seinen Kumpels nach Malle.
Ich könnte schon ausrasten, wenn ich daran denke, dass am Strand irgendeine Nackte liegt, wie ist es dann erst im Nachtleben? Habe

sogar etwas von einer Oben – Ohne -Tänzerin gelesen. Helft mir! Was soll ich tun? Soll ich ihm verbieten, zu fliegen?
(Kathrin, 18 Jahre)

Hallo,
was soll ich tun?
Ich fliege nächste Woche mit meinem Freund nach Mallorca. Habe mich voll drauf gefreut, aber dann sind mir Gedanken gekommen, z.B. dass am Strand bestimmt lauter nackte Frauen rumlaufen. Ich will nicht, dass mein Freund andere nackte Frauen sieht als mich.
(Antonia, 16 Jahre)

„Hallo,
mein Freund hat schon vor unserer Zeit eine Reise nach Mallorca (Ballermann) gebucht.
Jetzt ist es bald soweit, und er fliegt dahin. Er ist zwar treu, aber hmm… ich weiß nicht, weil es auf dem Ballermann etwas anderes ist.
(Pia, 19 Jahre)

Hi,
ich habe ja schon mal geschrieben, was mein Freund sich schon alles geleistet hat. Für die, die es nicht wissen, kommt die Kurzform.
Mit 'ner anderen Händchen gehalten, seinen Arm um sie gelegt, hat nichts gemacht, als sich eine breitbeinig mit 'nem Riesenausschnitt

aus seinen Schoß gesetzt hat. Das Schlimme ist, ich war dabei.
Ja, mein Problem ist folgendes: Und zwar fliegt er morgen mit seinem Freund (der bis vor kurzen noch 'ne Beziehung hatte und jetzt seinen Spaß haben will) nach Mallorca. So, jetzt frage ich mich, was macht er, wenn er besoffen und alleine ist? Ich meine, jeder weiß, dass **Mann** auf Mallorca auf jeden Fall jemanden zum poppen findet. Da will doch jeder nur Party machen und poppen. Ich habe solche Angst, dass er fremdgeht. Das könnte ich echt nicht verkraften, ich liebe ihn doch so! Was kann ich machen, um nicht verrückt zu werden? Was sagt ihr überhaupt dazu?
(Maria, 18 Jahre)

Da frage ich mich, hat ein liebender Mann das nötig? Vor allem alleine? Oder kann er wirklich weg sehen?
Wenn es warm ist und sonnig, muss sich natürlich niemand übertrieben verhüllen. Doch das Leben wäre schon einfacher, wenn gewisse Gegenden nicht von „Berufsnackedeis" weiblichen Geschlechts überschwemmt würden.
Zwischen all dem mal eine Oma mit einem halben Dutzend kunterbunter quakender Enkelkinder, ein ganz normaler Mann mittleren Alters, der nicht geil um sich glotzt und sich in den Schritt greift oder eine Vielzahl von Gesichtern, die nicht alle aussehen wie Werbung für Permanent-Make-up oder Schlimmeres – schon wäre alles erträglicher.
Aber gerade Mallorca scheint ausschließlich von geilen Kerlen bevölkert zu sein – und von Nutten.

Männer und Nutten

Das ist wohl ein sehr großes und ernstes Thema und gehört natürlich zum Fremdgehen dazu, auch wenn es manche nicht dazu zählen.
Ich frage mich immer wieder, was finden manche Männer an Nutten? Ihr geht in den Puff und fickt eine Frau, die zuvor schon etliche andere Kerle in sich hatte, und zahlt dafür noch Geld? Und dann fahrt ihr gemütlich nach Hause, um mit eurer Frau ins Bett zu steigen? Wenn ihr euch angesprochen fühlt, seid ihr die größten Schweine!
Ihr ekelt mich so was von an! Eure Frauen tun mir so leid.
Und ihr, liebe Nutten, hättet ihr nicht etwas Anständiges lernen können? Klar, ihr sagt, ihr tut das nur, weil ihr kein Geld habt, aber seid ihr euch da nicht trotzdem zu schade dafür?
Ihr werdet sicher nie mehr ein richtiges, zufriedenes Leben führen können!
Würde es nach mir gehen, würde ich sofort alle Puffs in Deutschland abschaffen!
Stellt euch doch nur mal vor, ein kleines Mädchen bekommt mit, das sein Vater in den Puff geht!
Was glaubt ihr, was ihr dem Kind, geschweige denn der Mutter, damit antut!
Nur weil es das angeblich „älteste Gewerbe der Welt“ ist, heißt das doch noch lange nicht, dass es heut noch gebraucht wird oder gar zeitgemäß ist. Heute ist die Welt doch nicht mehr so, dass ehrliche und aufrichtige Beziehungen zwischen den Geschlechtern für einen großen teil der Bevölkerung, wie Dienstboten oder Sklaven, nicht möglich sind.

In unserer Informationsgesellschaft kann sich jeder den Partner suchen, der zu ihm passt. Er kann seine Beziehung nach Belieben gestalten. Etwas Mühe und guten willen vorausgesetzt.
Aber leichter ist es scheinbar, in den Puff zu gehen.
Das war ja schon immer so.
Komisch, wir knüpfen doch auch keine Verbrecher mehr am Galgen auf, weil das immer so war. Das ist etwas anderes? Nicht wirklich.
Allerdings überkommen mich mitunter schon mal ganz niedrige Gelüste, kein Wunder, wenn man so etwas liest:

Hallo,
mein Freund war im Puff.
Habe ihn aus der Tür kommen sehen, und die ganze Stadt weiß, dass in dem Haus ein Puff ist. Habe ihn zur Rede gestellt, und er hat es zugegeben und gesagt, er hätte sich nur einen blasen lassen, weil ich das nicht mache.
Wie soll ich reagieren? Was würdet ihr tun?
(Stefanie, 25 Jahre)

Hallo, ihr Lieben,
ich brauche gaaaaaaaaaaaaaanz dringend euere Hilfe.
Ich habe gerade eine Entdeckung gemacht, mit der ich nicht umzugehen weiß.
Ich habe gerade unsere Küche aufgeräumt und unter unserem Besteckkasten eine Visitenkarte von einem Escort Service und 100

Euro gefunden. Weiß gerade gar nicht, was ich machen soll, bin in der 11. Woche schwanger und mit meinem Freund schon fast zwei Jahre zusammen, hätte bzw. würde ihm nicht wirklich zutrauen, in einen Puff zu gehen.
Ich mein, wirklich Sex haben wir nicht im Moment, aber das ist doch kein Grund, gleich so was zu tun, bitte helft mir.
Hatte immer den Eindruck, er bekommt alles von mir, was er braucht, nur anscheinend ist das ja nicht so.
Hab die Karte und das Geld erst mal weg getan, um zu gucken, ob er vielleicht von alleine was sagt, aber glauben tu ich es nicht.
(Dina, 25 Jahre)

Hallo,
mein Freund geht in den größten Puff feiern.
Was soll ich dazu sagen?
Mein Freund wollte eigentlich nächstes Wochenende mit seinen Kollegen von der Arbeit feiern gehen, in Köln.
Jetzt habe ich raus gefunden, dass die ins **XXX** gehen wollten. Dies ist der größte Puff in NRW. Mein Freund hat natürlich nichts gesagt.
Diese Feier ist jetzt nicht zustande gekommen, aber die wollen das auf irgendwann mal verschieben.
Warum erzählt er mir das nicht?
Ich bin supersauer, aber ich kann ja nichts sagen, denn er hat mir es ja nicht gesagt.
Ich dreh echt durch. In den Puff feiern gehen. Nicht mit mir! So ei-

nen Freund will ich nicht haben.
Was soll ich tun?
(Tina, 18 Jahre)

Nun, was ich noch gehört habe, ist folgendes:
„Was geht denn mit euch ab? Wo liegt euer Problem? Wenn ein Mann in den Puff geht, ist das so, als gehe er in 'nen Frisiershop."

Ich dachte, ich könnte meinen Ohren nicht trauen. Das hat eine Frau gesagt!?

Ist das so? Ist es für euch Männer nur eine Dienstleistung am Schwanz – wie ein Besuch beim Friseur?
Bitte einmal Entspannung? Danke, schönen Tag noch?

Wisst ihr, wie sehr ihr euren Frauen weh tut? Warum lässt euch und uns diese versexte Gesellschaft nicht los? Gibt es überhaupt noch etwas anderes auf der Welt als Sex – mit jemand **XXX- beliebigen?**

Männer im Chat - die „Verlockungen" des Internet

Kennt ihr das? Ihr geht aus Langweile in einen Chat, um ein paar nette Leute kennenzulernen. Schon denkt man, man hätte einen netten Chatpartner gefunden, bis man dann mit Fragen wie „Was hast du an?" bombardiert wird. Also, da reicht es mir schon, und ich verlasse den Chat. Und wie alt war ich da? Vielleicht 12?

Am nächsten und übernächsten Beispiel, sieht man, wie ungeschützt auch und vor allem Kinder sind. Auch das ist alles andere als selten.

Liebe Redaktion,
ich bin 11 und habe im Internet einen Jungen kennen gelernt. Er ist sehr nett und findet mich echt schön. Ich hab ihm nämlich ein Foto von mir geschickt. Letztens hatte ich mit ihm **cs**. Ich weiß nicht genau, was das heißt. Ich will auch nicht sagen, was ich gemacht habe. Jetzt will er mich richtig treffen. Soll ich hingehen?
(Nadja, 11 Jahre)

Hallo,
ich war letztens im Chat, und ein Mann hat mir ein Bild von seinem Penis geschickt. Ich finde das total eklig, und jetzt schreibt er immer, dass ich ihm auch was schicken soll. Ich trau mich gar nicht mehr in den Chat, aber meine ganzen Freunde sind da drin. Was soll ich machen?
(Yvonne, 10 Jahre)

Doch auch für Partner/-innen kann das Internet bitter werden:

Liebes Team,
ich wohne seit knapp 2 Monaten mit meinem Freund zusammen und war eigentlich auch glücklich mit ihm.

Mein Freund ist sehr oft am PC. Da ich sehr neugierig bin, was er da macht, habe ich mich letztens an seinem PC eingeloggt. In seinen Lesezeichen habe ich dann Links zu mehreren Chats gefunden, in denen er wohl aktiv ist. Also habe ich mir in einem Chat, in dem er sich aufhält, ein Fake-Profil erstellt. Nun chatte ich mit meinem eigenen Freund, und ich habe gemerkt, dass er nicht dazu steht, dass er eine Freundin hat. **Mich!** Er würde sich sofort mit anderen Frauen treffen. Was soll ich nur machen? Wie kann ich ihn zur Rede stellen? Zu mir sagt er, er würde nur mich lieben, und ich wäre die einzige für ihn.
(Alina, 19 Jahre)

Solche Vorkommnisse sind wirklich keine Einzelfälle
Doch was stört es schon, wenn die kleinen Mädchen aus dem Netz sich nicht mehr trauen zu schreiben, oder wenn sich andere Kontakte zerschlagen (weil es die eigene Frau war, die **Mann** in diesem Falle gleich mit los ist).
Im absoluten Notfall sind ja immer noch die Pornos da.

Männer und Pornos

Wie fühlt sich eine eifersüchtige Frau, wenn sie auf dem PC von ihrem Freund Pornos findet? Sie sieht ihre Ängste bestätigt.

Hallo,
mein Freund schaut sich Pornos an, obwohl er mit mir Sex haben könnte! Findet er mich nicht mehr attraktiv? Finde es nicht richtig von ihm! Fühle mich hässlich und gedemütigt! Kennt das jemand?
(Cora, 18 Jahre)

Hallo,
Was soll ich bloß tun?
Mein Freund schaut sich im Internet die miesesten Pornoseiten an, echt grausliche, es ist so schlimm.
Vor allem, weil er mir immer den Heiligen vorspielt und meint, so was würde er nie tun, und jetzt habe ich ihm meinen Laptop geborgt, und als ich meine Verläufe löschen will, sehe ich diesen Schweinekram. Echt, das macht mich so fertig. Jetzt wundert mich auch nicht, das unser Sex so mies wurde (reinstecken, abspritzen, das war's).
Ich möchte mich nur noch von ihm trennen, dieses mal dürfte er seine Chancen komplett verspielt haben.
(Olga, 23 Jahre)

Hallo, ich bin seit einigen Jahren glücklich verheiratet. Dachte ich. Nun bin ich wieder schwanger und die Schwangerschaft läuft nicht so glatt, ich kann schlecht schlafen und geistere durchs Haus. Deshalb ist mein Mann aus dem Schlafzimmer ausgezogen, um, wie er sagte, auf dem Küchensofa zu nächtigen. Bis ich jetzt durch Zufall erfahren habe, wie er da seine Nächte verbringt.

Nämlich mit meinem (!) Laptop, auf dem mich anderentags blutjunge Nackedeis in obszönen Stellungen ansprangen. Mein Mann hatte sich nicht mal die Mühe gemacht, den Speicher zu löschen, so dass mich statt meiner Daten „sweet sexy teens“ ereilten – Mädchen im Alter meines ältesten Sohnes. Warum sieht mein Mann sich heimlich Babymöpse an? Was, wenn unser Kind eine Tochter wird? Was soll ich überhaupt davon halten? Helft mir!
(Peggy, 36 Jahre)

Hallo,
ich bin fertig mit den Nerven.
Mein Freund geht am Samstag auf einen Geburtstag, bei dem **nur** Männer eingeladen sind. Das finde ich sehr komisch, und ich bin mir sicher, dass sie an dem Abend einen Porno anschauen. Aber ich will das nicht. Ich will die einzige sein, die meinen Freund scharf macht.“
(Zoe, 17 Jahre)

Hey,
also, das Problem ist folgendes:
Mein Freund schaut sich gern mal ’nen Porno an... und das nervt mich total!
Bin auch ein wenig eifersüchtig, er könnte diese Damen geiler finden als mich, oder dass er sich denkt wie schön es wäre, wenn das seine Freundin wäre.

Ich will sogar nicht mal mit ihm in'ne Disco gehen, wo Stripperinnen sind, obwohl mir die Disco eigentlich gefällt!!! Bin ich zu hysterisch, oder mögt ihr das auch nicht, wenn sich euer Freund so was ansieht? (Karin, 19 Jahre)

Liebe Leute,
mein erster Beitrag, und ich fühl mich echt sch*** wegen folgender Sache:
Habe mich soeben mit meinem Freund wahnsinnig gestritten, weil ich raus gefunden habe, dass er sich Pornos aus dem Internet herunter lädt. Habe auch schon was auf 'ner DVD gefunden... bin wutentbrannt aus der Wohnung, mit den Worten, dass ich ausziehen werde und er mich nie mehr sehen wird. Er versteht nicht, was ich daran so schlimm finde.
Kann mich denn jemand verstehen?
Ich fühle mich erniedrigt und entwürdigt, wenn man in einer festen Beziehung ist, ist es niveau- und geschmacklos, sich an anderen Frauen aufzugeilen! Wenn man so was schon braucht, dann braucht man auch keine Partnerin. Man hat doch seinen eigenen Privat-Porno im Schlafzimmer?! Ich bin einfach nur sauer und echt zutiefst verletzt und wahrscheinlich einfach nicht so gut wie die Porno-Weiber.
Ich bitte um Meinungen.
(Saskia, 20 Jahre)

Allerdings können Männer heute auch gerne ehrlichen Herzens behaupten, keine Pornos zu sehen. Die Gesellschaft ist so versext, dass sie dennoch nicht auf nacktes Fleisch verzichten müssen.
Dazu genügt schon das öffentlich-rechtliche Fernsehprogramm, zur besten Sendezeit zwischen Tagesschau und der Rama-Familie. Deren Mutti in letzter zeit auch mehr und mehr aussieht, als ob sie sich eher von Silikon als von Margarinebroten ernährt.

Männer und die Werbung

Denn wie ich im Vorwort schon erwähnt habe, ist es heutzutage fast unmöglich, in einer Werbung keine nackte Haut zu sehen.
Egal, ob ich mir einen Rasenmäher, ein Auto, ein neues Parfum oder eben einfach Margarine kaufen möchte.
Ein Rasenmäher ist ja schließlich nicht dazu da, um das Gras zu mähen, damit der Garten wieder gepflegter aussieht. Nein, Rasenmäher sind nur da, damit schlangengleiche Frauen ihren Körper daran reiben. Und ein Auto und ein Parfum? Kein Kommentar.
Mittlerweile wird sogar für Schokolade, die eigentlich für Kinder sein soll, mit halbnackten Damen geworben.
Ein Kind wächst so auf.
Der Junge hat dann irgendwann ein Idealbild von Frau vor sich, das er auf der normalen Welt nie finden wird. Und die **Mädchen**? Die verfallen in Selbstzweifel. Und dann fragt man sich, warum so viele beim Psychologen landen?

Ganz zu schweigen von der Werbung ab Mitternacht. Mir wird ganz übel. Und nicht nur mir:

Hallo,
ich könnte ausrasten.
Mein Freund hat letztens bei mir übernachtet, was ich an sich ja sehr schön finde. Doch nun zum Problem. Da ich müde war, bin ich schon früher ins Bett gegangen, und er war noch im Wohnzimmer und hat ferngesehen.
Ich bin dann irgendwann nachts aufgewacht, weil ich auf Toilette musste. Ich hab dann aus dem Wohnzimmer lauter Gestöhne gehört. Mein Freund schaut sich tatsächlich nachts DSF und 9live an. Ich möchte sterben.
(Jana, 21 Jahre)

Hallo,
kann mir mal jemand sagen, weshalb im Fernsehen ab 24 Uhr nur so Pornomüll kommt? Das ist echt erbärmlich.
(Bine, 19 Jahre)

Hallo,
ich habe ein Problem, und zwar bin ich total eifersüchtig.
Letztens hab ich mit meinem Freund einen Spätfilm angeschaut, und anstatt dass dann normale Werbung kam, kamen die ganzen nackten Tussen.

Ich konnte nicht mehr anders und hab' angefangen, zu heulen, als mein Freund hingesehen hat.
Er fragte mich dann natürlich, was los sei, aber ich konnte einfach nichts sagen."
(Tatjana, 17 Jahre)

Ja, und da ist dieses Fernsehen noch nicht einmal etwas was man sich – wie Porno oder Puff – mit der Absicht reinzieht, sich aufzugeilen. Alles ganz normal und gebührenpflichtig für Otto Normalverbraucher. Es wird eben vorausgesetzt, dass der auf so etwas steht und etwas sieht für sein Geld. Frauen und Kinder haben davon ohnehin nicht so viel wie Männer, also ist ihr Veto unwichtig und ihr Schutz vor solcher Zwangspornografisierung ebenfalls.

Männer und das Fernsehen

Schaut mal ab 20:15 Uhr fern. Es läuft ein völlig normaler Film, zugelassen ab 6 Jahren. Und sagt mir, wie viele nackte Frauen darin herumspringen. Wie oft jemand fremdgeht?
Da seht ihrs. Genauso wird es jedem Kind vorgelebt.

Wenn man in einem Spielfilm mal einen nackten Mann sieht, dann meist nur irgendwelche Widerlinge, wie in dem Film „Borat".
Echt seltsam. Mich würde echt interessieren, an was das liegt.
Genauso ist es bei diversen Fernsehzeitungen.

Fast immer sind auf dem Cover halbbekleidete Frauen abgebildet. Einen Mann hab ich da noch nie gesehen. Warum? Weil er uns Frauen blenden würde? Wo bitte bleibt die visuelle Gerechtigkeit?
Das fragen sich auch andere:

Hallo,
was soll ich noch tun? Ich bin so eifersüchtig, dass ich nicht einmal mit meinem Freund einen normalen Film anschauen kann, ohne dass ich ausraste. Letztens haben wir einen Film gesehen, in dem eine nackte Frau aufgetaucht ist. In mir ist eine solche Wut aufgestiegen, und ich musste meinen Freund sofort fragen, wie er die denn findet, und ob er mit der ins Bett gehen würde.
Hilfe! Ich mache damit meine Beziehung kaputt. Denn ihn nervt das total. Er meint, er steht nur auf mich!
(Denise, 19 Jahre)

Hallo,
ich habe ein großes Problem mit meiner Eifersucht.
Letztens hab ich mit meinem Freund eine Show gesehen, in der schöne Frauen um ihr Aussehen konkurrierten.
Zu einer Kandidatin meinte er dann, dass die voll schön sei.
Ich hab ihn dann nur noch angestresst und bin gegangen.
Er meinte, er kommt mit meiner Eifersucht nicht mehr klar. Was soll ich bloß tun? Ich möchte ihn nicht verlieren.
(Dana, 18 Jahre)

Hallo,

ich bin schockiert. Mein Sohn (10 Jahre) und ich wollten uns letztens einen Film ansehen. Dieser kam um 21 Uhr!!! Der Filmtitel war völlig harmlos. Leider hatte ich mir nicht die Handlung durchgelesen. Zwischendrin war ich telefonieren, und als ich wieder kam, waren überall nur nackte Leute zu sehen. Stellt euch vor, da war ein Junge, der sich vor seiner Schwester selbst befriedigt hatte. Mein Sohn war völlig zerstreut, sodass ich ihn gleich ins Bett bringen musste. Er fragt mich heute noch, was das zu bedeuten hat.

(Petra, 31 Jahre)

Hallo,

ich habe ein Problem.

Letztens haben mein Freund und ich Mr. &. Mrs. Smith angeschaut.

Mein Freund meinte dann, dass die Angelina Jolie voll geil wäre.

Das hat mich sehr verletzt.

Ich sagte dann aus Trotz, der Brad Pitt ist auch geil, aber anscheinend hat ihn das nicht gestört.

Findet er die wirklich geil oder nur hübsch? Ich finde Brad Pitt vielleicht hübsch, aber doch nicht geil!

(Ella, 18 Jahre)

Manchmal lässt sich bei dieser Flut von Bildern nicht mehr unterscheiden, was echt ist, was Kopfkino und was Gefühl – und wenn ja, für wen?

Männer und ihre Latte

Wenn Mann morgens mit einer Latte aufwacht, fragen sich Frauen oft, ob es nur die Morgenlatte ist, oder ob er einen Traum von irgendeiner anderen Frau hatte. Das kann mitunter ganz schön irritieren:

Hilfe.
Ich weiß nicht mehr weiter.
Ich schlafe wirklich gerne bei meinem Freund, aber er wacht sehr oft morgens mit einer Latte auf. Klar, am Anfang dachte ich, es sei die berühmte „Morgenlatte“, aber das kann doch nicht jeden Tag so sein, oder?
(Fani, 15 Jahre)

Hallo,
mein Freund meinte, er könne nicht ins Schwimmbad gehen, weil da so viele Mädchen in Bikinis rumlaufen.
Was soll das bitte heißen, dass die ihn alle scharf machen?
Was soll ich tun, ich liebe ihn. Aber ich will nicht mit so einem zusammen sein.
(Nina, 14 Jahre)

Wo liegt die Grenze?
Schon beim gucken oder erst beim grapschen?
Oder ist es daran zu erkennen, wie er sich dazu äußert?

Denn pralles, oft nacktes Fleisch, bevorzugt natürlich Brüste, springt einen normalen Mann im normalen Leben viel zu oft an. – meinen zumindest die betroffenen Frauen.

Männer und Titten

Wie fühlt sich eine Frau, wenn ihr Mann auf andere Titten schaut?
Vielleicht so, wie sich ein Mann fühlt, wenn Frauen einen anderen Penis anstarren?
Hier steht es schwarz auf weiß:

Hallo,
Mein Freund guckt auf große Busen!
Ich bin sehr eifersüchtig darauf, wenn mein Freund auf große Busen anderer Frauen starrt. Ich mag schon gar nicht mehr mit meinem Freund ausgehen, weil uns immer wieder solche Frauen begegnen, und ich merke, dass mein Freund dann immer wieder drauf guckt und es nicht lassen kann. Wenn die Frauen dann in dieser Region auch noch ganz spärlich bekleidet sind, und man die Umrisse besonders gut erkennen kann, ist es ganz schlimm für mich. Ich sehe dann vor mir, dass er sie mit den Augen auszieht und sich vorstellt, sie anzufassen, und was weiß ich noch alles. Dann fühle ich mich dermaßen minderwertig und klein, dass ich am liebsten weglaufen möchte. Ich komme mir dann vor wie „zweite Wahl“.
Hatte ich bisher immer die falschen Männer, oder sind alle so???

Ich hatte dieses Problem jedenfalls in meinem Leben bei allen meinen Freunden. Manchmal denke ich, eigentlich müsste ich mir einen Freund suchen, der wirklich nur auf kleine Busen steht. Dann hätte ich diese Probleme vielleicht gar nicht, und mein Freund wäre mit mir zufrieden und hätte gar nicht das Bedürfnis, auf große Busen zu schauen. Ich selbst habe in dieser Hinsicht nicht viel zu bieten, nur 80 A, mein Busen ist zwar schön, aber meiner Meinung nach halt viel zu klein. Ich war körperlich auch Spätentwickler und wurde schon als Kind deswegen aufgezogen, dass da nicht viel in der Bluse steckte. Erst, als ich meine Kinder bekam, habe ich diese Eifersucht mal einige Jahre lang nicht mehr gespürt und stand darüber, wenn mein inzwischen Ex-Mann sich solche Frauen anschaute. Aber seit die Kids jetzt größer sind, ist auch meine Eifersucht wieder voll da! Mein jetziger Freund, mit dem ich seit 2 Jahren zusammen bin, sagt mir zwar, dass er doch mich liebt, aber ich bin mir sicher, dass er nicht **nein** sagen würde, wenn ihn so eine Vollbusige verführen würde. Ich kann mich auch heute noch an einen Sexfilm erinnern, den ich früher mal gesehen habe. Da wollte ein Paar noch eine weitere Frau dabei haben. Jedenfalls war es so, dass der Mann „dabei" immer nur die große Brust der anderen angefasst hat, nur selten die kleine von seiner Frau.

Wenn wir unterwegs sind und so einer Frau begegnen, spüre ich diese suchenden Blicke von ihm. Er guckt immer wieder, ob er die Frau (oder den Busen) nicht noch mal irgendwo sehen kann. Er gibt mir dann immer das Gefühl, dass ich ihm nicht genug bin. Diese

Situationen verfolgen mich, seit ich 20 bin. Ich habe deswegen auch schon Beziehungen beendet, damit ich dieses Sch... gefühl nicht mehr ertragen musste. Es tut so furchtbar weh. Therapien habe ich vor den Kindern schon zwei, drei gehabt, aber geholfen hat keine. Habt Ihr einen Rat für mich? Soll ich meinen Busen wegen ihm vergrößern?

Wem geht es ebenso wie mir?

(Stephi, 45 Jahre)

Männer und die Vorgängerinnen

Also, ich könnte nie etwas mit einem Mann anfangen, der schon an die zehn Freundinnen vor mir hatte.

Es scheint, als ginge es nicht nur mir so.

Wie sich hier lesen lässt:

Hallo,

folgendes Problem:

Ich bin mit meinem Freund seit zwei Wochen zusammen.

Gestern haben wir mal darüber geredet, wie viele Partner wir zuvor schon hatten. Ich hatte zwei, aber das waren nur Kindergartenbeziehungen. Mein Freund hatte vor mir schon acht Frauen, und davon war er mit fünf im Bett. Ich komm damit nicht klar, dass er so viele vor mir hatte.

Was soll ich tun?

(Kristin, 20 Jahre)

Hallo,

ich bin frisch verliebt und stehe eigentlich auch kurz davor, mit einem Mann zusammen zu kommen. Allerdings habe ich letztens von einer Freundin erfahren, dass er vor mir schon etliche Freundinnen hatte. Jetzt weiß ich nicht ob ich mit ihm etwas anfangen soll. Ich möchte ja nicht eine von vielen sein.

Was meint ihr?

(Pia, 21 Jahre)

Hallo,

ich bin seit zwei Monaten mit meinem Freund zusammen. Gestern hat er mir gestanden, dass er vor mir schon sechs Freundinnen hatte. Ich wusste nur von einer.

Ich fühle mich so hintergangen und bin überhaupt nicht mehr glücklich mit ihm. Wenn ich bei ihm bin und ihn küsse oder wir miteinander schlafen, frage ich mich immer, ob er mich denn nicht mit meinen Vorgängerinnen vergleicht.

Wie kann ich damit besser klar kommen?

(Marina, 17 Jahre)

Hallo!

Ich habe schon immer ein großes Problem mit Eifersucht gehabt, auch auf die Vergangenheit meiner Partner. Seit drei Monaten habe ich nun einen neuen Freund, der mich auch sehr glücklich macht. Da ich weiß, wie eifersüchtig ich bin, habe ich ihn bisher noch kaum zu

seiner Vergangenheit befragt. Leider ist er aber so offen, mir vieles zu erzählen. Ich habe ja schon mitbekommen, dass er fast ausschließlich Freundschaften zu Frauen pflegt, was an sich schon nicht ganz leicht für mich ist. Mittlerweile weiß ich leider auch, dass er mit vielen dieser Frauen auch einmal was hatte. Natürlich versetzt es mir jetzt jedes Mal einen Stich, wenn er mir erzählt, er habe wieder Post von XY erhalten bzw. mit XY telefoniert.
Klar weiß ich, dass er jetzt mit mir zusammen ist, aber ganz so einfach lässt sich das schlechte Gefühl nun mal nicht beiseite schieben.
Wie würdet ihr euch in so einem Fall verhalten?
(Suse, 23 Jahre)

Hallo,
ich habe ein Problem.
Bin jetzt seit 3 Monaten mit meinem Freund zusammen und war bis vorhin auch glücklich mit ihm.
Ich ging davon aus, dass er noch Jungfrau ist, wie ich auch.
Nun hat er mir aber vorhin gebeichtet, dass er schon Sex mit einer hatte, was aber schon 1 Jahr her sei.
Ich fühle mich jetzt so schlecht.
Ich wollte die sein, mit der er sein erstes Mal erlebt.
Was soll ich tun?
Muss ich jetzt etwa immer daran denken, ob er die eine bessere Frau findet als mich?
(Christine, 17 Jahre)

Hallo, ich bin mit meinem Freund jetzt schon 2 Jahre zusammen. Wir sind gleich alt, ich habe aber schon eine Tochter aus erster Ehe. Mein Freund kann gut mit Kindern umgehen und fühlt sich scheinbar auch wohl in unserer kleinen Familie. Bei uns zuhause ist es auch sehr gemütlich. Die Wochenenden verplant er allerdings völlig alleine und sagt mir auch nicht ob er da ist oder nicht oder erst kurz vorher. Er behauptet, es gibt auch noch Menschen außer mir mit denen er ungestört Zeit verbringen möchte. Er ist dann auch nicht erreichbar. Ist er bei uns, geht er immer ans Handy und manchmal rennt er nach einem Anruf ohne Erklärung weg.
Das tut mir sehr weh, denn es sind meist Frauen, mit denen er sich trifft und die auch in seiner kleinen Wohnung übernachten, wenn er da ist. Ex-Freundinnen. Soll ich an das „Ex" glauben? Soll ich es ihm mit gleicher Münze heimzahlen, auch herumziehen? Aber wozu habe ich dann eigentlich diesen Freund?
(Rena, 26 Jahre)

Ja, es ist schon erstaunlich, wie locker Männer mit Dingen umgehen, die sie so normal finden.
Männer schauen Frauen an und Frauen Männer. Daran ist sicherlich nichts verboten, aber wenn es in „Starren" übergeht oder „Hinterhergucken", kann das sehr verletzend sein.
Aber wisst ihr, was noch viel schlimmer ist?

Ich habe irgendwann einmal eine Statistik gelesen, in der dargestellt wurde, dass die meisten der Männer bei der Selbstbefriedigung an die beste Freundin der eigenen Freundin denken. Grausam.

Männer und andere Frauen

Hallo,
ich habe ein Problem, was ich selbst nicht in den Griff kriege.
Mein Freund und ich sind nun fast ein Jahr zusammen. Ich muss vorab sagen, dass er mich zu Anfang der Beziehung mehrmals betrogen hat, und er hat mir während einer einwöchigen Beziehungspause verheimlicht, dass es in der Zeit auch jemand anderen gab. Sprich: nie hat er mir von selbst etwas gestanden, ich musste alles alleine herausfinden. Somit ist das Vertrauen natürlich im Eimer.
Nun habe ich ein Problem, bei dem ich mir gar nicht zu helfen weiß.
Mein Freund kann es absolut nicht lassen, den Frauen hinterher zu gucken. Ein-zwei mal ist das ja auch noch akzeptabel, aber immer und immer wieder?
Ich habe schon mehrmals versucht, ihm in ruhigen und langen Gesprächen klar zu machen, wie sehr mich das verletzt und kränkt. Er meinte, dass sei früher mal gewesen, aber das macht er ja schon lange nicht mehr. Ich würde mir ja eh alles nur einbilden, und selbst wenn das so wäre, dann ist das doch nichts Schlimmes, da er sich andere Menschen ja nur ansieht.
Ich habe zwei Möglichkeiten, entweder ich akzeptiere das oder ich muss Konsequenzen ziehen. Akzeptieren kann ich solch ein Verhal-

ten auf gar keinen Fall, aber mir fallen auch keine Konsequenzen ein. Ich hoffe, ihr habt für solch ein Problem eine Lösung, Danke im Voraus für die Antwort.
(Flora, 23 Jahre)

Hallo,
mein Freund hat mir gesagt, dass er auch mal an andere Frauen denkt beim Onanieren, oder dass er sich Pornos dabei anschaut.
Er kann es nicht glauben, dass ich nicht auch an andere Männer denke. Aber ich denke nur an ihn, wenn ich mich selbst befriedige, mich könnte ein erfundener Mann gar nicht anmachen. Ich bin echt traurig und verzweifelt. Leider kann ich es nicht mehr mit ihm diskutieren.
Er hat mir jetzt hundertmal gesagt, dass er mich liebt und mich für die Beste und Geilste hält und bla, bla, bla. Aber wie kann ich aufhören, daran zu denken? Warum genüge ich ihm nicht? Ich möchte doch auch in seiner Fantasie seine Beste sein. Und wenn er in der Fantasie mit einer anderen Frau schläft, würde er das doch auch in Wirklichkeit tun, oder?????
Bitte gebt mir eine ehrliche Antwort. Männer und Frauen, bitte!
Würde euch Frauen das nicht auch fertig machen?
(Doreen, 18 Jahre)

Hallo,
ich habe ein Problem in meiner Beziehung, für das ich keine Lösung finde. Ich bin mit meinem Freund seit ca. 1 1/2 Jahren zusammen. Er

ist ein sehr kontaktfreudiger Mann und hat viele "gute" Freundinnen, mit denen er oft telefoniert, chattet oder sich auch mal trifft. Er weiß, dass ich ein Problem mit dieser Anzahl weiblicher Freunde habe und hat sie mir zuliebe bereits reduziert. Leider liegt das Problem nicht nur bei der Anzahl, sondern eher bei seiner Art, die er hat. Er ist ein wirklicher Frauenversteher, der immer ein offenes Ohr hat, und an dessen Schultern man sich ausheulen kann. Leider hat er auch eine sehr anhängliche Art, d.h., wenn er mit den Frauen zusammen ist, dann kommt es öfters zwischendurch zu Umarmungen, Rankuscheln, Bussi auf die Wange, etc. Ich weiß ja, dass das einfach seine Art ist und er sich nichts dabei denkt. Ich habe bereits mit ihm darüber gesprochen. Er hat mir versprochen, es zu ändern. Aber er ist nun mal so, und das lässt sich nicht so schnell abstellen. Nun ist es so, dass ich ein Problem habe, wenn er sich mit seinen Freundinnen trifft. Ich stelle mir dann immer vor, wie er mit diesen Frauen Körperkontakt hat. Er hat mir auch erzählt, dass er früher gerne mit seinen guten Freundinnen gekuschelt hat, was er aber jetzt nicht mehr machen würde. Ich habe seine Art den Frauen gegenüber selber miterlebt und erst seit diesen Erlebnissen Probleme mit dem Thema.
Ich weiß, dass er mir 100%ig treu ist, aber dieses Thema belastet mich doch sehr. Weiß jemand von euch Rat?
(Lisa, 20 Jahre)

Hallo,
ich bin so am Verzweifeln.
Mein Freund hat sich letztens einen Frauenkalender gekauft, bei dem man echt alles sieht. Mich verletzt es total, wenn er sich so etwas anschaut. Was soll ich tun? Der Kalender hängt sogar in seinem Zimmer! Bin so unglücklich!
(Kira, 18 Jahre)

Hallo,
mein Freund hat lauter Fotos von Frauen im Bikini auf seinem Handy. Das verletzt mich.
Soll ich es ihm sagen?
(Uta, 16 Jahre)

Es sieht also so aus, als ob so ein Mann nicht mal mit seinem Telefon alleine sein könnte, ohne auf Abwege zu geraten. Ganz zu schweigen von Internet, Fernsehen und – den besten Kumpels.

Männer und die Kumpels

Männer gehen oft mit ihren Kumpels in Kneipen, woran an sich nichts auszusetzen ist.
Aber es ist einfach zu viel, wenn man über die Bedienung Kommentare wie „ist die geil“ oder „mit der würde ich auch mal“ abgibt. Das ist doch einfach nur verletzend, auch und gerade für die Bedienung.

Leider habe ich das schon selbst erlebt, was Männer über Frauen ablassen, wenn die Freundin nicht dabei ist.
Nach dem Kneipenbesuch gehen sie bestimmt zu ihr und machen ihr das größte Liebesgeständnis. Wollen wir wetten?
Wisst ihr eigentlich, wie sehr ihr eure Freundin bzw. Frau verletzt? Ihr denkt euch: ‚Was sie nicht weiß, macht sie nicht heiß!'
Doch ihr belügt euch doch selbst! Aber wundert euch nicht, wenn sie irgendwann mal weg ist!
Oder was ist mit dem anderen Problem, euer Freund hat nur Zeit für seine Kumpels?
So kann es Frauen dabei ergehen:

Hallo,
ich habe letztens von einem Kumpel erfahren, dass mein Freund eine Bedienung angemacht hat, als ich nicht dabei war.
Ich fühl mich so schlecht und kann überhaupt nicht mehr mit ihm glücklich sein.
Soll ich mich von ihm trennen?
(Petra, 16 Jahre)

Hallo,
eine Freundin von mir hat letztens meinen Freund mit seinem Kumpels in 'ner Kneipe gesehen und gehört, wie er über eine gesagt hätte, dass sie scharf wäre.
Das macht mich sehr traurig.

Es wäre ja okay, wenn er sagt, dass sie hübsch sei. Ich rede mit Freundinnen ja auch über andere Typen, aber warum sagt er „scharf"?
(Yessi, 18 Jahre)

Hallöchen erst mal,
bin ziemlich stinkig im Moment. Mein Freund und ich sind jetzt fast 2 Jahre zusammen. Er schaut sich morgen mit seinem Kumpel ne Wohnung an. Die beiden wollen 'ne WG machen und zusammen ziehen. Mir passt die ganze Angelegenheit
überhaupt nicht in den Kram, weil ich weiß, dass dann dauernd seine Kumpels bei ihm rumhängen und er dann gar keine Zeit mehr für mich hat. Hatten im letzten Jahr um die Zeit geplant gehabt, zusammen zu ziehen, was aber dann nicht geklappt hatte. Nun hab ich 'ne neue Wohnung, die ist echt groß genug für 2 Personen. 3,5 Zimmer, 80 qm. Hab meine Pferde hinterm Haus, und es wäre alles so schön. Nur der Gedanke, dass er lieber mit seinem Kumpel zusammen wohnen will, macht mich ziemlich traurig. Er sagt, er will erst mal was alleine haben, bla, bla, bla... und er hätte Angst, wir würden uns irgendwann auf den Geist gehen.
Manchmal glaube ich, er kann sich keine Zukunft mit mir vorstellen.
Was soll ich machen?
(Madeleine, 22 Jahre)

Hallo,
ich kann im Moment nur sehr wenig Zeit mit meinem Freund alleine verbringen, und das macht mich fast wahnsinnig...
Ein Problem ist, dass er einen Freund hat, der nach 3 Jahren mit seiner Freundin Schluss gemacht hat und jetzt meinen Freund total in Beschlag nimmt. Über 4 Monate hat der Typ sich nach der Trennung daheim verschanzt und war am rumheulen wegen seiner Ex. Jeder Versuch, ihn zu trösten, ging daneben (hat mir ja auch leid getan, obwohl **er** Schluss gemacht hat). Mittlerweile ist er (sorry für den Ausdruck) so wahnsinnig notgeil, dass er dringend wieder 'ne Freundin (oder eher was für's Bett) sucht. Da er aber eine feige Socke ist und selbst nix gebacken kriegt, hockt er jetzt fast jeden Abend bei meinem Freund und will unterhalten werden (egal, ob ich auch da bin, oder nicht, das hält den nicht davon ab, bis nach Mitternacht zu bleiben). Oder er bequatscht meinen Freund, mit ihm in die Stadt auf „Hasenschau“ zu gehen, weil er ihn als „moralische“ Unterstützung braucht.
Und am Wochenende, wenn mein Freund endlich mal Zeit hätte, was mit mir zu unternehmen, ist er schon Tage vorher ausgebucht, mit Sportverein und Kumpels treffen (ja, auch wieder den einen nervigen), dass ich sehen muss, wie viel Zeit für mich übrig bleibt... Ich werde ja nicht mal mehr vorher gefragt...
Ich muss dazu sagen, dass wir seit 7 Jahren zusammen sind und 5 davon eine Fernbeziehung hatten. Wir haben uns also jahrelang wenig gesehen, aber dann hatte er wenigstens Zeit für mich und un-

sere Zweisamkeit, was jetzt kaum noch der Fall ist. Wenn wir ausgehen, dann immer mit seinen Kumpels, weil er es besser findet, wenn mehr Leute dabei sind - bin ich denn so langweilig?
Ich habe keine Probleme damit, dass er viel Freiraum braucht, aber ihn nur alle paar Tage für wenige Stunden am Abend zu sehen (und davon nur ein Drittel der Zeit mit ihm alleine zu haben) ist mir echt zu wenig.
Wenn wir mal Zeit nur zu zweit verbringen, dann verstehen wir uns echt super, deswegen bin ich ja auch total frustriert, dass ich um Zweisamkeit im Moment so kämpfen muss.
Außerdem macht es mich total traurig, dass ihm das gar nichts auszumachen scheint und er nur genervt ist, wenn ich das Thema anspreche. Er versteht einfach nicht, worum es mir geht. Ich könnte auch mit der Wand sprechen...
Ich will einfach wieder mehr kuschelige, romantische Stunden zu zweit und wieder mal was mit ihm alleine unternehmen, was länger dauert, als eine halbe Stunde.
Ich bin im Moment echt traurig, wütend und genervt zur gleichen Zeit, und mein Freund nennt mich nur Zicke und versteht mich nicht, obwohl ich ihm schon 10 000 Mal erklärt habe, was mich stört.
Könnte echt heulen und ausrasten im Wechsel.
(Frauke, 23 Jahre)

Hallo,
ich drehe gleich durch.
Ich bin so was von krankhaft eifersüchtig.
Ich bin jetzt seit 2 Jahren mit meinem Freund zusammen und habe das Gefühl, dass meine Eifersucht immer schlimmer wird.
Ich raste aus, wenn mein Freund nur ne andere Frau, die nicht schlecht aussieht, anschaut, wenn auf einer Party ein Gogogirl auftaucht und wenn im Fernsehen überall diese nackten Weiber zu sehen sind und er hinschaut. Aber das ist erst der Anfang. Ich bekomm da jedes Mal einen solchen Hass auf ihn!
Damit ich diese Eifersucht in den Griff bekomme, habe ich mich jetzt auf eine Affäre eingelassen, damit ich mich wieder besser fühle. Und es funktioniert. Fühle mich aber jetzt schlecht gegenüber meinem Freund. Was soll ich machen?
Möchte doch nur mit meinem Freund glücklich sein!
(Ronja, 20 Jahre)

Am Ende gehen die Frauen fremd – sie brauchen das einfach fürs Selbstwertgefühl Und hoffen auf etwas besseres. Denn sie wollen nur das Eine. Den Einen. Dass es mit ihm funktioniert.
Leider aber funktioniert es oft nicht, und die versexte Gesellschaft hat die Schuld. Eigentlich müsste jetzt „Männer und Fremdgehen“ kommen, aber dazu gibt es schon genügend Bücher.
Was aber bei weitem nicht so klar ist, ist die andere Seite.

Meine Gefühle als Frau

Fragen, die ich mir als eifersüchtige Frau stelle:

- Liebt er mich?
- Reiche ich ihm?
- Bin ich die einzige für ihn?
- Bin ich die einzige, die ihn scharf macht?
- Würde er mich betrügen, wenn irgendeine in heißer Unterwäsche vor ihm steht?
- Findet er mich hübsch?
- Was denkt er, wenn wir zusammen schlafen?
- An wen denkt er, wenn er sich selbst befriedigt?
- Stellt er sich seine Zukunft mit mir vor?

Dabei ist es so einfach:

Der Wunsch jeder Frau:

Sie möchte die Einzige für den geliebten Mann sein!

Die Lösung des Problems:

Damit Frauen glücklich sein können, müsste man eigentlich folgendes verbieten:
Puffs, Pornos, Stripperinnen, Nacktbaden und tiefe Ausschnitte.
Und natürlich Bilder davon. Manche Völker versuchen es mit Frauenzwangsverhüllung – aber gerade in diesen Gegenden sind die Männer auch alles andere als unempfänglich für fremde Reize.
Das funktioniert also ebenso wenig, wie alle Männer zu kastrieren, nachdem sie ein Kind mit ihrer Frau gezeugt haben, oder gemeinsam auf eine Insel auszuwandern, auf der Pornografie verboten ist. Oder gleich auf den Mond.

Aber, liebe Männer, ihr könnt eurer Frau helfen.
Manchmal hilft einfach nur ein klärendes Gespräch.

Denn vielleicht seid ihr anders, als in diesem Buch beschrieben?!

Ihr habt es selber in der Hand, und was glaubt ihr,
wie toll die Beziehung läuft, wenn **sie** sich wohl fühlt mit euch.
Das sind ganz andere Dimensionen, die ihr erleben könnt,
nicht vergleichbar mit flüchtigen Blicken und Erlebnissen.
Denn schließlich habt ihr euch doch in sie verliebt!

Für meine Mit-Frauen

Nennt mir nur einen Mann, bei dem die Antwort auf alle Fragen im Kapitel „Fragen, die ich mir als eifersüchtige Frau stelle“ in eurem Sinne ausfallen würde.

Dann habt ihr ihn gefunden, den Traummann. Haltet ihn fest!

Außer natürlich, ihr könnt damit leben, eine von vielen zu sein.

Ich war schon auf vielen Foren im Internet und habe mich über dieses Thema informiert.

Es schreiben einige Frauen, dass es sie nicht stört, wenn ihr Mann anderen Frauen hinterher guckt, wenn er Pornos schaut oder auf andere Frauen steht. Seid ihr euch da sicher, oder macht ihr euch nur etwas vor?

Also, ich bin mir sicher, entweder ihr belügt euch selbst, oder ihr liebt euren Mann nicht richtig.

Für alle, die denken: ‚Ich bin erst 19, was weiß ich schon?’

leider genug.

Was bitte soll der Spruch von einem Mann: „Appetit holt man sich woanders, aber gegessen wird daheim!“? Verachtender geht es kaum.

„Meine Alte geht so lala, muss ich eben die poppen, ’ne andere darf ich ja nicht, sonst gibt’s daheim Stress!“ bedeutet das für Frauen übersetzt.

Lasst euch das mal auf der Zunge zergehen!

Worte an den Mann

Falls es euch als Mann nicht interessiert, was Frauen über die angesprochenen Dinge denken, habt ihr keine Frau der Welt verdient!

Männer, jetzt seid ihr an der Reihe.
Gibt es nur annähernd solche Probleme, die Frauen in euch auslösen?

Männer, macht endlich eure Frauen glücklich!
Und zwar vollkommen und in jeder Hinsicht!

Vielleicht aber ist es nur ein Showgebaren von Euch?
Vielleicht meint ihr, als Mann nicht mehr viel wert zu sein, wenn ihr euren Kumpels gegenüber nicht auf den Pudding haut?
Vielleicht wollt ihr nicht unterm Pantoffel stehen?
Vielleicht fürchtet ihr, eure Frauen sind euch überlegen und versucht eure Angst davor durch „männliches Verhalten" zu kompensieren?
Imponiergehabe nennt man so etwas im Tierreich.
Vielleicht habt ihr Angst vor dem Versagen und überspielt dies durch Machismo?
Müsst ihr immer und überall der Größte sein?
Gut, wir machen es euch schwer, das stimmt.
Welche Frau will schon ein Weichei, welche Frau möchte einen Pantoffelhelden?

Aber dass ihr Augen im Kopf habt, das wissen wir doch selbst. Tut bei einer schönen Frau nicht so, als hättet ihr einen Schatz entdeckt. Ihr habt den Schatz doch schon an eurer Seite.
Was seid ihr ohne uns? Meint ihr, die anderen Frauen würden sich echt mit euch abgeben, mit all euren Macken, euren stinkenden Socken und dem morgendlichen Mundgeruch?
Was denkt ihr, wie sehen die anderen morgens ungeschminkt aus, mit wirrem Haar und ohne Make-up?
Wieso starrt ihr andere an? Machen wir das etwa? Wir sehen über euren Bauchansatz hinweg, übersehen eure schmalen Schultern und eure Pickel, das lichte Haar müssen wir auch akzeptieren.
Ihr seid für uns **der Mann** an unserer Seite – dann bitte lasst uns für Euch auch **die Frau** sein. Gebt uns wenigstens das Gefühl, denn die Liebe, die ihr uns entgegenbringt, macht uns sicher, und Sicherheit macht uns friedvoll. Und Friede verwandelt die schlimmste, eifersüchtigste „Zicke“ in ein sanftes Lamm.

Nehmt uns die **Angst**, euch zu verlieren, etwas anderes ist es nicht, was uns quält.

In dem Sinne: Für Frieden zwischen den Geschlechtern doch bitte mal ein wenig mehr Zuwendung, mehr Aufmerksamkeit, die Augen bitte nicht immer seitwärts. Lasst es doch einfach. Und **uns.**

Wir lieben euch!

Lesen Sie mehr bei DeBehr:

über Frauen, Männer und Lebenslust:

Depri, Lust und wahre Liebe
Das Sexualleben
einer ostdeutschen Frau
von Silka von Dennewitz
ISBN: 978-3981275193

(Mai 2009)

- Cover ähnlich -

Sie gehört einer statistischen Minderheit an: Eine kinderreiche, glücklich verheirate Akademikerin erzählt von ihrem turbulenten Liebesleben und wie sie sich sonst so durchbeißt.
Die erotischste Gesellschaftskritik aller Zeiten!

für Kinder:

Warum immer ich?
Ein Junge von heute
unterwegs in Märchen
von gestern
von Ines Benkenstein
ISBN: 978-3981275179

(Mai 2009)

- Cover ähnlich -

Eine völlig verrückte und cool geschriebene Fantasie-Geschichte für Alt und Jung.

Kleiner Prinz auf leisen Pfoten
Die traurige und fröhliche
Geschichte eines Katers
aus dem Tierheim
von Martha Baum
ISBN: 978-3981275117

Liebevoll erzählt ein kleiner Kater die abenteuerliche Geschichte seines Lebens. Ein (Kinder-) Buch über Familie, Freunde, Vertrauen und natürlich den vierbeinigen miauenden Gefährten des Menschen.

Kunterbunte Rätsel
& Himmelblaue Geschichten
für Menschen
von 1 – 99
ISBN: 978-3981275162

Ein Mehr-Generationen-Buch für Familienmenschen und solche die es werden wollen zum Vorlesen, Selberlesen und Mitmachen

Lesen Sie mehr bei DeBehr:
über schwierige Entscheidungen:

Liebe, Leid und Grenzkontrolle
Ein Franzose im Wilden Osten
von Johanna Ancke
ISBN: 978-3981275131

Die Liebe überwindet alle Grenzen.
Der autobiographische Roman erzählt die wahre Liebesgeschichte zweier Menschen aus der Zeit des Wilden Ostens. Und er erzählt auch die wahre Geschichte zweier Menschen, denen das System DDR ihre Liebe nicht zu gönnen schien, und das alles daran setzte, diese unerwünschte Liason zu beenden.

Still geboren im November
Nico, mein Sternenkind!
von Arite Schäfer
ISBN: 978-3981275100

Was passiert, wenn ein Kind zu früh diese Welt verlassen muss?
Wie kann ein Mensch die Trauer ertragen?
Arite Schäfer erzählt aus eigenem Erleben. Sie widmet dieses Buch Ihrem Sohn Nico, der bereits von dieser Welt gehen musste, bevor er sie kennen lernen durfte.

Der lange Schatten der Väter
Familiensaga
von Marie-Anne Jacob
ISBN: 978-3981275124

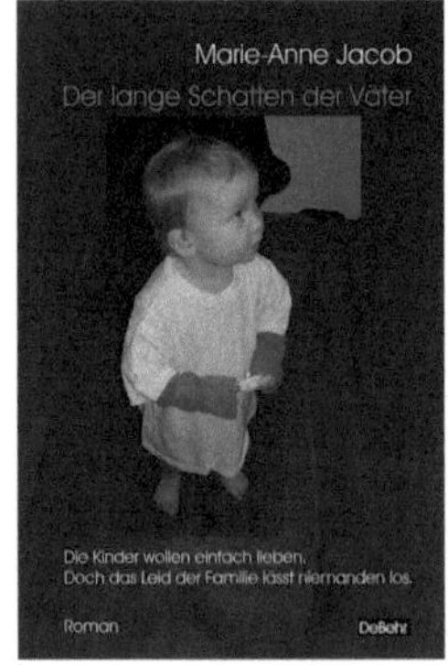

Die Kinder wollen einfach nur lieben. Aber die Familien, die Schatten der Vergangenheit, beeinflussen die Menschen mehr als diese glauben. Sie geraten in einen Strudel von Ereignissen, bis die Vergangenheit ihre Geheimnisse preisgibt.

Das Verbrechen der blauen Rose
Thriller und betörend
erotische Liebesgeschichte
von Kathi Celany
ISBN: 978-3981275148

(Mai 2009)

Ihre Tat ist das schlimmste, was eine Frau tun kann.
So beschließt sie immer wieder, sich ihrer Strafe zu stellen – nicht einem Gericht, sondern dem Leben danach.
Aber sie ist jung, zu sehr sehnt sie sich nach einem ganz normalen Leben und der Liebe. Wird diese stärker sein als die Schuld?

alles über uns: www.DeBehr-Verlag.de
alle Titel erhältlich über: www.amazon.de